# LUCIEN DESCAVES

# LA CAGE

## PIÈCE EN UN ACTE

**PARIS**
**P.-V. STOCK, ÉDITEUR**
**(Ancienne Librairie TRESSE & STOCK)**
8, 9, 10, 11, GALERIE DU THÉATRE-FRANÇAIS
**PALAIS-ROYAL**

1898

# LA CAGE

Représentée pour la première fois au Théâtre Antoine
le 21 janvier 1898.

L'auteur et l'éditeur déclarent réserver leurs droits de traduction et de reproduction pour tous les pays, y compris la Suède et la Norvège.

Cet ouvrage a été déposé au Ministère de l'Intérieur (section de la librairie), en janvier 1898.

---

## DU MÊME AUTEUR :

LE CALVAIRE D'HÉLOÏSE PAJADOU, 1 vol., (*Épuisé.*)

UNE VIEILLE RATE, 1 vol. (*Nouvelle édition.*)

LA TEIGNE, 1 vol., (*épuisé.*)

LES MISÈRES DU SABRE, 1 vol.

SOUS-OFFS, 1 vol.

SOUS-OFFS, MISÈRES DU SABRE et PROCÈS DE SOUS-OFFS, 1 volume in-8° illustré, par EUGÈNE COURBOIN.

LES EMMURÉS, roman, 1 vol.

EN VILLÉGIATURE, 1 vol.

SOUPES, 1 vol.

## THÉATRE :

LA PELOTE, pièce en trois actes, *en collaboration avec* M. PAUL BONNETAIN.

LES CHAPONS, pièce en un acte, *en collaboration avec* M. GEORGES DARIEN.

## *Pour paraître prochainement :*

LA COLONNE.

EMILE COLIN — IMPRIMERIE DE LAGNY

*LUCIEN DESCAVES*

# LA CAGE

## PIÈCE EN UN ACTE

PARIS

P.-V. STOCK, ÉDITEUR

(Ancienne librairie TRESSE & STOCK)

8, 9, 10, 11, GALERIE DU THÉATRE-FRANÇAIS

PALAIS-ROYAL

1898

# PERSONNAGES :

M. HAVENNE, 55 ans . . . . . . . . . M. Antoine.

MADAME HAVENNE, 50 ans. . . . . . Mlle Barny.

MADELEINE, 26 ans . . . . . . . . . Mlle Mellot.

ALBERT, 21 ans . . . . . . . . . . M. Gémier

MADAME RÉMI. concierge. . . . . . Mlle Reynold.

AUX DÉSESPÉRÉS

*pour qu'ils choisissent.*

# LA CAGE

Les restes d'un intérieur confortable. Tapis élimés, vieilles tentures : canapé, fauteuil et chaises recouverts de velours passé. Alcôve, à droite, dissimulée par des rideaux. Portraits de famille et diplômes encadrés. Commode ornée de souvenirs insignifiants : coquillages, vases de porcelaine, photographies, fleurs artificielles fanées par le plumeau. Il n'y a plus que l'ordre et la propreté, qui luttent contre la tristesse et l'indigence. Au-dessus de la cheminée, un éphéméride de grand format est accroché. Il semble remplacer une pendule absente et mesurer le temps. Mais, arrêté à la date du 29 octobre, il retarde en réalité de deux jours. A gauche, devant la fenêtre, sur une petite table, une cage est posée, dans laquelle voltigent quelques oiseaux. Une chaise longue auprès de la table.

C'est le soir ; la lampe est allumée.

## SCÈNE PREMIÈRE
### MADAME HAVENNE, MADAME RÉMI

**MADAME RÉMI**

Je ne vous dérange pas, madame Havenne ?

**MADAME HAVENNE,** *qui n'a pas entendu entrer*
*madame Rémi.*

Non... Mais non, madame Rémi.

### MADAME RÉMI

Je vous demande pardon. J'ai trouvé la porte entr'ouverte, j'ai frappé, et ne recevant pas de réponse, je me suis permis...

### MADAME HAVENNE

Vous avez bien fait. J'attends M. Havenne d'un moment à l'autre; c'est exprès que je n'avais pas fermé la porte. Vous avez une lettre pour nous ?

### MADAME RÉMI

Non. Ce sont les trois quittances de loyer, avril, juillet et octobre, que la propriétaire m'envoie encore vous présenter. Madame Ledru vous avait assigné le 31 comme dernier délai;... et le 31, c'est aujourd'hui.

### MADAME HAVENNE

C'est aujourd'hui.

### MADAME RÉMI

Votre éphéméride retarde de deux jours, madame Havenne. Voulez-vous que j'ôte les feuilles ?

### MADAME HAVENNE, *vivement.*

Non, laissez, je les enlèverai moi-même.

### MADAME RÉMI

A votre fantaisie.

### MADAME HAVENNE

Je vous sais gré, madame Rémi, d'être montée en l'absence de mon mari.

### MADAME RÉMI

Toujours dehors, ce pauvre M. Havenne! (*Geste accablé de madame Havenne.*) Et vos enfants aussi ?

### MADAME HAVENNE

Les enfants aussi.

### MADAME RÉMI

Depuis le matin, tous les trois?

### MADAME HAVENNE

Oui. Ils ne sont même pas rentrés pour déjeuner.

### MADAME RÉMI

Si encore leurs courses et leurs démarches aboutissaient à quelque chose! Mais ils n'ont toujours rien en vue ni l'un ni l'autre?...

### MADAME HAVENNE

Rien. M. Havenne a dû se présenter aujourd'hui dans deux maisons de commerce où l'on demande un comptable. Il accepterait n'importe quoi. Mais un homme de cinquante-cinq ans qui cherche un emploi, est presque inconvenant. On dirait qu'il étale une infirmité. Les références, les certificats, ont une odeur de complaisance et de charité. On attribue à l'inconduite, à l'incapacité ou tout au moins à une coupable imprévoyance, la nécessité de gagner sa vie, dans un âge où l'on doit être à l'abri du besoin.

### MADAME RÉMI

C'est triste, car enfin, on vous connaît dans le quartier; on sait qu'il n'y a pas de votre faute, que le malheur s'est acharné contre vous, depuis que M. Havenne a perdu sa place.

### MADAME HAVENNE

Vingt ans caissier dans la même maison! Des millions ont passé par ses mains. Ah! cette faillite nous a été funeste! Deux ans bientôt!...

### MADAME RÉMI

A cette époque déjà, M. Havenne eut quelque peine à retrouver un modeste emploi.

### MADAME HAVENNE

Oui. Mais nous n'étions pas découragés et las comme à présent. Nous avions de toutes petites économies. On se félicitait même que ce désastre arrivât lorsque les enfants étaient élevés et, à notre sens, bien élevés. Madeleine n'avait pas de dot, c'est vrai, mais nous pensions qu'une instruction complète et des qualités essentielles dans un ménage, la tireraient mieux d'embarras, le cas échéant. C'était une erreur dont notre infortune a compliqué les conséquences. Nous éloignons de notre fille jusqu'aux chances d'un mariage d'inclination. Quel gendre n'hésiterait pas, devant le surcroît de charges dont nous le menaçons ?

### MADAME RÉMI

Les beaux jours reviendront.

### MADAME HAVENNE

La jeunesse de Madeleine ne reviendra pas. Elle a vingt-six ans. Nous ne compromettons pas moins l'avenir de son frère. Bachelier à dix-sept ans, madame, Albert préparait son doctorat en droit, afin d'être dispensé de deux années de service militaire ; comment continuera-t-il ses études, si le soin de notre subsistance doit s'ajouter maintenant au souci de la sienne ?

### MADAME RÉMI

Il y a une grande consolation pour vous dans l'affection et le dévouement de vos enfants.

### MADAME HAVENNE

N'est-ce pas qu'ils sont vaillants ? Il y a six mois, quand son père s'est vu de nouveau sans place, Albert a tout de suite songé à nous venir en aide. Il a subi des examens, adressé des demandes... Mais tel est l'encombrement dans les Administrations de l'État, qu'il a bientôt compris l'inutilité de ses démarches. Il s'est alors rabattu sur les établissements financiers, la comptabilité commerciale. Mais il y était si dépaysé, qu'on n'a pas manqué de prétextes pour l'éconduire. Tout ce qu'il savait se tournait contre lui. Le croiriez-vous ? On a été jusqu'à lui reprocher sa mauvaise écriture. Elle est négligée, sans doute. Pouvions-nous prévoir le cas que l'on en ferait ?

MADAME RÉMI

C'est toujours beau, une belle écriture !

MADAME HAVENNE

On invoquait plus volontiers, d'ailleurs, une autre défaite. « Vous allez être soldat, disait-on ; quand vous serez libéré du service militaire, revenez nous voir. »

MADAME RÉMI

C'est en effet bien ennuyeux pour vous que M. Albert soit appelé sous les drapeaux, le mois prochain. Mais un an est vite passé.

MADAME HAVENNE

Oui, si nous étions délivrés d'inquiétudes après. Rien n'est moins sûr. La situation sera la même à son retour. S'il n'est pas docteur en droit à vingt-six ans, il devra repartir pour deux ans. Mieux vaudrait presque, dans ces conditions, qu'il fît les trois ans d'affilée. Mais on ne renonce pas facilement à des avantages obtenus par dix ans d'études et des sacrifices dont, seuls, nous connaissons l'étendue.

### MADAME RÉMI

Mademoiselle Madeleine vous reste heureusement. Elle a bien du mérite aussi.

### MADAME HAVENNE

La chère enfant ! C'est un peu grâce aux leçons qu'elle donne que nous ne sommes pas morts de faim. Mais les dernières vacances ont été fâcheuses. Deux de ses petites élèves entrent en pension, et les écriteaux qu'elle a mis chez les commerçants du quartier n'ont pas amené de remplaçantes.

### MADAME RÉMI

« Cours de français... Préparation aux examens... Prix modérés... » C'est pourtant bien écrit... moulé ! Voilà ce qu'on peut appeler une belle écriture !

### MADAME HAVENNE, *avec un pâle sourire.*

Cependant, vous le voyez, madame Rémi, Madeleine n'est pas plus avancée que son frère.

### MADAME RÉMI

C'est vrai. A quoi se fier !

### MADAME HAVENNE

Ah ! ce qui nous manque, allez, je le sais bien, ce sont des relations. Le malheur a fait le vide autour de nous. On n'oblige pas les tristes. Lorsque nous. n'avions besoin de personne, tout le monde s'offrait. Mais ceux que nous considérions comme nos meilleurs amis n'estimaient en nous, eux, que des gens dans leur position. Ils se sont dispersés à mesure que nous déclinions. On ne s'intéresse plus à nos enfants, — depuis qu'ils sont devenus intéressants. Albert a bien raison de dire : « Protéger, cela devrait vouloir dire : Secours au plus faible, et cela signifie en réalité : Courte échelle entre les plus forts. »

MADAME RÉMI

Il est certain que l'hiver ne s'annonce pas bien pour vous.

MADAME HAVENNE

Nous sommes à bout de forces.

MADAME RÉMI

Ne vous laissez pas abattre. Il suffit d'un hasard...

MADAME HAVENNE

D'un miracle... Les médecins parlent ainsi aux malades condamnés.

MADAME RÉMI

Mais non, mais non... Vous êtes une famille unie, vous lutterez... C'est ce que je disais encore, tantôt, à madame Ledru... (*Avec embarras.*) qui me chargeait d'une commission pénible pour vous...

MADAME HAVENNE

Quelle commission ?

MADAME RÉMI

Mon Dieu, excusez-moi... je suis désolée... le moment est si mal choisi... Elle m'envoie vous dire que si vous n'avez payé demain, à midi, elle portera les quittances chez son huissier.

MADAME HAVENNE

Ah !

MADAME RÉMI

Et j'ajouterai que sa résolution paraît, hélas ! irrévocable.

MADAME HAVENNE

Vous ne lui avez donc pas dit...

MADAME RÉMI

Je lui ai tout dit ou plutôt tout répété : que des

locataires qui habitent la maison depuis dix ans et qui ont toujours régulièrement payé leur terme, méritent quelques égards ; que ce n'est pour vous probablement qu'une crise à traverser ; que M. Havenne, remercié à l'improviste, l'hiver dernier, trouvera certainement un emploi avant la fin de l'année, grâce à son excellente réputation ; que vos enfants sont de bons sujets, sur lesquels vous pouvez aussi compter...

MADAME HAVENNE

Elle n'a voulu rien entendre...

MADAME RÉMI

Vous ne connaissez pas madame Ledru. Elle a changé de conversation et renversé les rôles. « C'est elle, ce sont les propriétaires qu'il faut plaindre. On ne sait pas assez quels tracas donne une maison. Mais quand on en a trois à administrer, il y a de quoi perdre la tête ! Ah ! ce fut une catastrophe pour elle, que la mort de M. Ledru ! Il épluchait les mémoires des entrepreneurs et n'était pas leur dupe, tandis qu'avec elle, faible femme, tous abusent : les locataires des réparations et les architectes des travaux. On la ruinera. On ne la laisse pas vivre tranquillement de ses rentes. Si cela continue, elle prendra un gérant. »

MADAME HAVENNE

Vous n'avez pas proposé M. Havenne ?

MADAME RÉMI

Pas plus lui qu'un autre. C'est un projet en l'air, un faux-fuyant commode. Jamais personne ne mettra le nez dans ses intérêts. Elle est de trempe à les défendre contre n'importe qui.

MADAME HAVENNE

Cependant, madame Rémi, la saisie, la vente dont elle nous menace, acquitteront à peine notre dette. Tout ce qui reste ici est presque sans valeur.

MADAME RÉMI

Là-dessus, dame ! je ne pouvais pas trop insister. Elle ne me pardonnerait pas d'avoir laissé échapper sa garantie...

MADAME HAVENNE

C'est juste.

MADAME RÉMI

Et comme je m'en allais, savez-vous ce qu'elle m'a dit : « Qu'on attende, avant de me reprocher mon manque de cœur. Sans enfants, sans parents, j'ai l'intention de léguer ma fortune à l'Assistance publique. Les pauvres seront ainsi mes héritiers. »

MADAME HAVENNE

En est-elle sûre ?

MADAME RÉMI

Ça lui est égal. Mais pour une personne pieuse comme madame Ledru, la bienfaisance qui n'aurait pas cet air officiel, qui ne serait pas soumise à des formalités, demeurerait ignorée du bon Dieu.

MADAME HAVENNE

Oui, madame Ledru s'imagine que l'Assistance publique a un compte courant au ciel. J'entends mon mari rentrer. Laissez-moi lui annoncer la dernière mauvaise nouvelle. Je dis peut-être bien : la dernière !

MADAME RÉMI

Il faut l'espérer.

1.

## SCÈNE II
### LES MÊMES, M. HAVENNE

**M. HAVENNE**

Tiens, madame Rémi. Bonjour.

**MADAME RÉMI**

Bonjour, monsieur. (*A part.*) S'il rapportait le beau temps, j'en serais étonnée. (*Elle sort.*)

## SCÈNE III
### M. ET MADAME HAVENNE

**MADAME HAVENNE,** *anxieuse.*

Eh bien, mon ami ?

M. HAVENNE. *Son regard, son geste, répondent d'abord pour lui. Puis il s'assied en face d'elle et parle sourdement, la tête basse, les mains fébriles.*

J'ai eu tout de même, pour le bouquet, une surprise. Jusqu'à présent, je n'avais qu'à me montrer pour que mon compte fût réglé. Partout, les directeurs rajeunissent leur personnel, pour qu'il leur coûte moins cher. Les écoles communales sont une pépinière avantageuse. Elles procurent des enfants qu'on paie 25 francs par mois, que le service militaire réclame au moment où leurs appointements s'élèvent et qu'on n'est pas obligé de reprendre lorsqu'ils quittent l'uniforme ; c'est tout profit. Certaines administrations, accessibles aux femmes, font à peu près les mêmes calculs, en remplaçant la perspective du régiment par celle du ménage et des enfants. De sorte que les jeunes gens les moins propres à la vie de bureau y sont appelés, au détriment des bonshommes comme moi, dont l'âge et la fatigue s'accommoderaient d'un emploi sédentaire.

**MADAME HAVENNE**

Mon ami...

**M. HAVENNE**

Oui, je rabâche... Donc, cet après-midi, j'ai rencontré un patron pour qui les préventions que j'inspire habituellement n'existaient pas.

**MADAME HAVENNE**

Ah ! tu vois bien.

**M. HAVENNE**

Attends. « C'est d'un garçon de bureau que j'ai besoin, dit-il avec bienveillance. Mais les demandes sont si nombreuses que j'ai dû instituer une espèce de concours. Avez-vous la médaille militaire ? » J'ai cru qu'il allait ajouter en me reconduisant : « Au plaisir de vous revoir... quand vous l'aurez ! »

**MADAME HAVENNE**

Tout espoir n'est pas encore perdu. Les enfants sont en retard. C'est bon signe.

**M. HAVENNE**, *debout, lui prenant les mains et la considérant tendrement.*

Rien n'ébranlera donc ta croyance aux miracles ? Non, va, il n'y a plus pour nous qu'une ressource : l'Assistance publique !

**MADAME HAVENNE**

Tais-toi !

**M. HAVENNE**, *l'embrassant.*

Tu ne vois pas que je dis cela pour rire, grosse bête, pour rire... (*Une émotion contenue fait trembler sa voix.*) D'abord, nous ne récolterions que l'incrédulité ! On ferait une enquête... qui durerait six mois. Elle dure huit jours, seulement, quand il y a urgence et que l'indigent meurt d'inanition. Il vien-

drait ici un inspecteur qui examinerait, interrogerait,
s'étonnerait, attribuerait à des causes honteuses
notre dénûment. Nous avons ce qui nuit aux pauvres
plus que leur pauvreté : l'amour-propre, la discré-
tion, et l'habit, ce terrible vêtement des jours heureux et des conditions relevées, que nous ne pouvons
pas dépouiller dans notre détresse, et qui la dément !
L'expression de la misère s'apprend. Nous ne la sa-
vons pas, nous ne la saurons jamais. Nous serions im-
puissants à rendre évidente cette vérité : Qu'il n'y a
pas ici dix sous pour acheter de quoi dîner ce soir. Il
faudrait jeter par la fenêtre nos derniers meubles,
arracher les parquets et blanchir les murs à la chaux.
On n'est des indigents que dans un taudis : alors on
touche trois francs par mois.

MADAME HAVENNE

Oui... je sais bien que le monde a cette opinion de
nous.

M. HAVENNE

Madame Ledru, notamment.

MADAME HAVENNE

Pourquoi madame Ledru ?

M. HAVENNE

Parce qu'elle vient précisément d'envoyer la concierge nous signifier le dernier avertissement avant
les frais.

MADAME HAVENNE

Qui t'a dit cela ?

M. HAVENNE

N'est-ce pas aujourd'hui qu'expire le dernier
délai qu'elle a daigné nous accorder ? Car nous
sommes le 31, ma pauvre femme, et non pas toujours

le 29, comme tu espérais naïvement nous le faire croire. Hier je n'ai rien dit, mais, aujourd'hui la méprise n'est plus possible. Il y a, Dieu merci, une échéance tout au moins à laquelle je ferai face. (*Il étend le bras vers l'éphéméride pour enlever les feuilles.*)

MADAME HAVENNE *l'arrêtant.*

A laquelle nous ferons face, mon ami. Oh ! ne te figure pas que je manque de courage. La réflexion, au contraire, a mûri le projet que avons formé, il y a un mois, tous les quatre, dans une heure d'exalta tion. Il reste encore aux pauvres gens de quoi s'acquitter, tant que leur parole vaut de l'or. Aussi n'est-ce pas à toi que j'ai voulu donner le change.

M. HAVENNE

Aux enfants? (*Silence. Il l'attire doucement contre son cœur*). Tu as bien fait.

MADAME HAVENNE

Ils sont si jeunes ! La vie n'est pas encore, pour eux, la guenille qu'elle est pour nous. C'est une étoffe presque toute neuve. Rappelle-toi comme elle nous paraisait belle, quand nous avions leur âge !

M. HAVENNE

Elle fut belle longtemps.

MADAME HAVENNE

Elle peut l'être aussi pour Albert et pour Madeleine. Nous avons eu tort de mêler nos dégats ; ils n'ont pas la même importance. Un accroc se répare ; tandis qu'il n'y a pas de remède à l'usure.

M. HAVENNE

C'est ce que je me suis dit souvent, depuis un

mois. Mais il y avait entre nous comme une convention tacite, qui nous empêchait de revenir, dans nos conversations, sur la résolution prise d'un commun accord. On n'en a plus parlé.

MADAME HAVENNE

Une raison encore pour qu'ils l'aient oubliée. Dieu veuille que nous soyons seuls à nous en souvenir. Tu la comprends maintenant, ma précaution?... *Elle désigne l'éphéméride.)*

M. HAVENNE

Oui, mais elle est d'une telle simplicité, que j'ai bien peur qu'ils n'en soient pas dupes non plus.

MADAME HAVENNE

Qu'ils en aient l'air,... c'est tout ce que je leur demande.

M. HAVENNE

Alors, commençons par affecter une confiance trompeuse. Nous trouverons bien ensuite un prétexte pour les éloigner.

MADAME HAVENNE

Écoute... je reconnais le pas d'Albert dans l'escalier.

M. HAVENNE

Sèche tes yeux... Avant le drame, un peu de comédie.

## SCÈNE IV
### Les Mêmes, ALBERT

ALBERT. *Il va embrasser sa mère et donne la main à son père.*

Bonsoir, mère...

MADAME HAVENNE

Comme tu rentres tard, mon enfant...

ALBERT

J'ai flâné... C'est un des derniers beaux soirs de
la saison.

MADAME HAVENNE

Et tu as bien fait d'en profiter.

ALBERT

Il n'y a pas encore, sur le visage des pauvres, l'in-
quiétude de l'hiver. On dirait que tout le monde est
sûr d'un abri, d'un bon repas quotidien et du nécessaire perpétuellement. C'est peut-être cela le bon-
heur : l'oubli d'hier et l'insouciance de demain.

M. HAVENNE

Quantité de gens n'ont pas d'autre philosophie.

ALBERT

Après dîner. L'homme à jeun raisonne différem-
ment. Tout lui rappelle sa misère et contraste impu-
demment avec elle. C'est lorsqu'il appréhende la
mauvaise saison, que les magasins font annoncer
dans les journaux leurs expositions d'hiver. Il ne
peut faire un pas sans voir s'empiler aux étalages
de quoi habiller plus d'indigents qu'il n'y en a ; et il
approfondit alors l'immoralité de cette profusion
scandaleuse, qui est une tentation ou un défi, selon
les passants !

M. HAVENNE

Garde-toi du penchant à l'envie. Nous ne souf-
frons pas du froid davantage, parce que notre voisin
est plus chaudement vêtu que nous.

**ALBERT**

Non, père, mais j'ai frissonné tout à l'heure, en
voyant un paletot sur un mannequin.

**MADAME HAVENNE**

Une défaillance. Tu dois avoir faim. As-tu seulement déjeuné ?

**ALBERT**

Je n'ai pas déjeuné,... comme tant d'autres, dans une
ville qui regorge de tout. (*A son père.*) Ce soir, tiens,
je passais devant un grand magasin d'épicerie,
qui exhibe entre des pyramides de victuailles et des
portiques de vins fins, des « repas complets à emporter »... Comprends-tu ? *A emporter !* Trois ou
quatre pauvres étaient là, qui ne paraissaient pas de-
mander mieux. On les fit circuler. Ah ! leur regard
inoubliable ! Ceux qui ont pris la Bastille devaient
avoir ces yeux-là !

**M. HAVENNE**

Allons, ta mère va nous préparer quelque chose.
(*Albert les considère avec attention l'un après l'autre,
les scrute et les trouble.* Hein, maman... une bonne
soupe...

**ALBERT**

Est-ce indispensable ?

**MADAME HAVENNE**

Comment, si c'est indispensable ! Je crois bien !

**ALBERT**

De l'argent ?

**MADAME HAVENNE**, *génée par le regard que son fils
appuie sur elle.*

Mais... ton père...

M. HAVENNE

Madeleine va rapporter son mois de leçons.

ALBERT

Ah !... bien... En attendant, maman, prends les trente sous que j'ai gagnés aujourd'hui. Je les gardais pour une autre dépense, mais ma sœur y aura pourvu. (*Madame Havenne et son mari échangent un regard inquiet. Elle, sort ensuite.*)

## SCÈNE V

M. HAVENNE, ALBERT

M. HAVENNE, *légèrement.*

Qu'as-tu fait aujourd'hui ?

ALBERT

J'ai écrit des adresses sur des bandes, dans une agence de publicité qui a précisément la clientèle de quelques grands magasins. Je les calomniais. Ils ont du bon. L'envoi de leurs catalogues a permis d'utiliser jusqu'à ma détestable écriture. Nous étions une vingtaine de pauvres diables autour d'une grande table. Spectacle consolant, il y avait là un notaire sans étude, des sous-officiers libérés, sans emploi, des avocats sans causes, des professeurs sans élèves, des sous-préfets sans administrés, des bureaucrates sans bureau, des candidats à la députation sans suffrages, des spéculateurs sans capitaux, un inventeur dépouillé de ses brevets, un négociant en faillite, des lauréats du concours général et des jeux floraux ; tous les vieux crus de la bourgeoisie, attestant, par ces échantillons, les progrès des maladies qui ravagent tant de vignobles autrefois fameux.

#### M. HAVENNE

Et tu trouves ce spectacle consolant, toi ?...

#### ALBERT

Mais oui, père, parce qu'il est impossible que l'heure ne vienne pas, à la fin, où l'on arrachera les ceps flétris pour mettre de jeunes plants vigoureux à la place !

#### M. HAVENNE

C'est une espérance qui peut aider à vivre les hommes de ton âge..., qui leur fait un devoir de vivre.

#### ALBERT

Bah ! d'autres que nous suffiront à la tâche !

#### M. HAVENNE

Il n'y a jamais trop de bras pour s'y dévouer, quand elle promet d'être féconde.

ALBERT, *revenant vers lui et lui posant les mains sur les épaules.*

Cher père ! Sais-tu de quoi tu as l'air ?

#### M. HAVENNE

Non.

#### ALBERT

D'un tambour qui bat le rappel sur une caisse crevée. Tu ne t'entends pas toi-même (*Changeant de ton.*) Tu as du nouveau ? (*Il marche autour de la chambre.*)

#### M. HAVENNE, *embarrassé.*

Du nouveau ? Cela dépend... En tout cas, j'en aurai bientôt... On m'a donné l'assurance... des gens à qui l'on peut se fier, ceux-là... Parce que, tu comprends, j'ai été trop berné pour me payer de paroles...

**ALBERT**, *arrêté devant l'éphéméride.*

Oui, ne nous payons pas de paroles.

**M. HAVENNE**

D'ailleurs, demande à ta mère... Je lui disais justement, quand tu es arrivé...

## SCÈNE VI

Les Mêmes, MADAME HAVENNE, MADELEINE

**M. HAVENNE**, *à sa femme, qui entre la première.*

N'est-ce pas que je serai tiré d'affaire bientôt ?

**ALBERT**

Bientôt ! *Il arrache lentement deux feuilles de l'éphéméride. Madeleine descend. Silence.* Et toi, petite sœur, en as-tu, du nouveau ?

**MADELEINE**, *retirant son chapeau et ses gants.*

Certainement. Les parents de ma dernière élève viennent de m'annoncer que la santé raffermie de leur fille les engageait à la mettre au lycée.

**MADAME HAVENNE**

Ils t'ont payé ton mois de leçons ?

**MADELEINE**

Pas encore. Ces gens m'ont dit : « Avez-vous la monnaie de cent francs ? Non ? Ah ! c'est bien ennuyeux. Enfin, cela nous procurera l'avantage de vous revoir. » Et ils ont ajouté, en riant : « Heureusement que vous n'attendez pas après cet argent pour manger. »

**MADAME HAVENNE**

Il fallait...

**MADELEINE**, *un peu nerveuse.*

Quoi, mère ? Les détromper en offrant d'aller

moi-même changer le billet? J'avoue que je n'ai pas osé.

ALBERT

Au point où nous en sommes, c'était bien inutile.

MADAME HAVENNE, *se levant et descendant.*

Voyons, mes enfants, ça n'est pas sérieux;... ça n'est pas sérieux, Madeleine, ce charbon que tu as rapporté...

MADELEINE

Ce qui n'est pas sérieux, maman, c'est de recommencer le conseil de famille que nous avons tenu, il y a un mois. Sommes-nous plus avancés aujourd'hui? Au contraire. A quoi bon continuer une lutte dont nous sommes tous las? Il a été convenu entre nous qu'on en finirait aujourd'hui. Ah! finissons-en!... Nous avons bien gagné le repos!...

MADAME HAVENNE

Votre père et moi... oui, mais pas vous, qui entrez à peine dans la vie, qui ne la connaissez pas.

MADELEINE

Il est vrai que l'appoint de nos déceptions est peu de chose auprès de la somme des vôtres; mais le total nous fait un fonds commun d'expérience et d'amertume.

MADAME HAVENNE

Nous n'avons pas toujours été malheureux.

MADELEINE

C'est comme si tu disais aux passagers d'un bateau naufragé que c'est la première fois qu'il sombre.

**MADAME HAVENNE**

Songez à ceux qui passent par des épreuves pareilles et qui les surmontent.

**MADELEINE**

On ne console pas davantage les passagers du bateau qui va disparaître, en leur disant que tous les bateaux ne se perdent pas.

**MADAME HAVENNE**

Non, mais on peut ranimer le courage des plus jeunes et des plus forts, en leur montrant les chances qu'ils ont de se sauver...

**MADELEINE**

Ou de prolonger leur agonie en dévorant les autres. C'est ce qu'on appelle la lutte pour la vie. Ce repas de cannibales ferait estimer les supplices et console, en tout cas, de mourir de faim.

**MADAME HAVENNE**

Nous n'en sommes pas là.

**MADELEINE**

Nous en sommes là.

**MADAME HAVENNE**

Nous avons encore, Dieu merci ! du crédit chez quelques fournisseurs.

**MADELEINE**

Mais non, maman, et tu le sais bien... L'épicier t'a refusé, ce matin, un peu d'huile à brûler, et j'ai dû emprunter, tout à l'heure, à la concierge, le charbon que j'ai monté. C'est au point, Albert et moi, que nous ne rentrons plus qu'à la nuit close, en rasant les murs, comme des voleurs, pour éviter les ren-

contres fâcheuses, les regards sévères, les remar-
ques humiliantes.

MADAME HAVENNE

Tu exagères... (*A son mari.*) Dis-leur donc qu'ils
exagèrent, dis-leur donc quelque chose...

MADELEINE

Ce n'est pas mon père qui me démentira : il se
cache comme nous. (*M. Havenne baisse la tête.*)

MADAME HAVENNE, *s'asseyant, sans forces.*

Ah ! nous expions cruellement tous les deux un
moment de vertige !

MADELEINE

Tu le ramènes, pauvre mère, en éternisant ce
débat. C'est une excitation dont nous n'avons plus
besoin.

M. HAVENNE

Elle a raison, cependant. Mais la responsabilité
qui pèse le plus lourdement sur nous, ce n'est pas
celle que nous avons assumée en vous comprenant
dans notre capitulation. Autre chose me navre. Je
pense à l'acte d'accusation implicite et implacable
que dresse contre moi votre désespoir précoce,
votre adhésion empressée. La faute en retombe sur
nous, qui n'avons pas su vous armer pour la con-
quête ou pour la résistance;... sur nous dont l'im-
prudence est cause que vous êtes, à vingt ans, aussi
désemparés que nous, au bord de la vieillesse. La
contagion n'est pas une excuse. Notre clairvoyance
aurait dû vous en préserver, traiter la *diplômanie*
comme une fièvre scarlatine, vous éloigner des
endroits où les parchemins tombent, ainsi que la

peau morte d'un corps malade. Maintenant, il est trop tard. Notre tort a été de suivre le courant, au lieu de le remonter. Tout allait mieux autrefois.

ALBERT

Non, père, et voilà le malentendu; tout allait aussi mal. Mais tu étais jeune; un modeste emploi, des appointements fixes et réguliers, un faible avantage personnel enfin, tout cela t'aveuglait. La vérité, c'est qu'il y avait alors, comme aujourd'hui, des gens qui mouraient de faim, qui battaient Paris, le ventre vide, essuyant les rebuffades, les affronts, l'insolence des satisfaits et la pitié des hypocrites. Mais ces malheureux, vous ne les voyiez pas. C'est dans la médiocrité qu'on est le plus égoïste. On ne pense pas à partager le morceau de pain, dès qu'on a la moindre des choses à étendre dessus.

M. HAVENNE

Certes, nous avons été coupables...

ALBERT

Envers les pauvres, peut-être, mais non pas envers nous. Tu t'es trompé, on se trompe. Nous avons d'autant moins le droit de te juger, qu'il en est de notre déclassement comme des conspirations qui ne réussissent pas. Le succès de la tienne dépendit du hasard, de quelques relations fidèles... Et tu recevrais alors des éloges. Pauvre père! Si nous avions une chose à te reprocher, ce serait de nous avoir appelés à la vie. Mais nous aurions tort : tu ne l'as pas fait exprès. L'erreur commise, tu t'es appliqué à la réparer de ton mieux. Vous avez été, toi, le plus laborieux et le plus indulgent des pères ;

toi, mère, la plus tendre et la plus dévouée des mères. Vous avez aimé notre enfance, entouré de soins notre jeunesse... Les seules joies que nous ayons connues, nous vous les devons ; vous ne nous avez pas habitués à la séparation ; nos rapports ont toujours été ceux du lierre avec le vieux mur : c'est pour cela qu'il faut que nous croulions ensemble !

MADAME HAVENNE

Ah ! pourquoi vous avons-nous fait une petite âme de sentiment !

ALBERT

Ne le regrette pas, mère, c'est ce que nous avons de meilleur.

MADELEINE

La seule chose en nous qui ne soit pas fanée.

ALBERT

Un peu d'herbe entre les pavés.

MADAME HAVENNE

Puisque vous évoquez les souvenirs qui nous lient, rappelez-vous le temps où je joignais vos petites mains pour la prière.

MADELEINE

Comment l'oublier ! Mais la prière n'est qu'une caresse que les enfants rendent aux mères.

MADAME HAVENNE

Elle a le pouvoir de consoler.

MADELEINE

Ni plus ni moins qu'une autre caresse.

MADAME HAVENNE

Essayons.

### MADELEINE

Quelle confiance veux-tu que nous ayons dans un remède qui ne t'a pas guérie ?

### MADAME HAVENNE

J'ai manqué de persévérance. Le suicide est un crime. Dieu nous a donné l'existence...

### ALBERT

Et nous la lui rendons avant qu'il nous la reprenne. Le suicide est aussi une lâcheté. Il faut plus de courage pour supporter une vie misérable que pour se tuer, etc... Ah ! ne faisons pas d'avance les articles qu'on lira demain dans tous les journaux !

### MADAME HAVENNE

Que la volonté de Dieu s'accomplisse !

### ALBERT

Et la nôtre ! Disposer de soi est un luxe auquel nous ne sommes pas accoutumés. Hâtons-nous d'en jouir.

### M. HAVENNE

Les mesures que nous avons à prendre auparavant ne sont ni longues ni compliquées. Un mot, d'abord, au commissaire de police, pour déclarer que nous nous donnons la mort, à bout de ressources et d'illusions. Écris-le, Albert. (*Albert s'assoit à la table et écrit.*) J'aurais pourtant bien voulu m'en aller sans rien devoir à personne !

### MADAME HAVENNE

C'était mon désir aussi... payer au moins les fournisseurs : boucher, boulanger, épicier... les dettes criardes... En être arrivés là, nous qui n'a-

vons jamais fait tort d'un sou à qui que ce soit !
Qu'est-ce qu'on va penser de nous, dans le quartier ?
Ah ! nous n'emporterons pas l'estime des honnêtes
gens !

ALBERT, *sans lever la tête, ironiquement.*

Ne dis pas cela, mère ; tu mets l'estime des honnêtes gens au rabais.

M. HAVENNE

J'avais préparé des enveloppes sur lesquelles
étaient écrits les noms de nos créanciers et le mon-
tant de leurs notes. Jusqu'à la fin, j'espérais m'acquitter.

MADAME HAVENNE

Que dira madame Ledru ? Des locataires de dix
ans ! Quel remords pour elle, qui s'est montrée si
exigeante !

MADELEINE

Madame Ledru nous en voudra surtout d'avoir
rendu difficile, pendant quelque temps, la location
de son appartement.

M. HAVENNE

Les frais de nos obsèques même, il m'aurait convenu de les régler d'avance.

ALBERT

L'Assistance publique ne t'en serait nullement
reconnaissante.

MADAME HAVENNE

Moi, j'aurais voulu désintéresser au moins madame
Rémi, si complaisante... Quel embarras nous allons
lui donner ! Une concierge avec qui nous avons
toujours été si bien !

MADELEINE

Combien lui doit-on ?

MADAME HAVENNE

Une dizaine de francs : le pain et le lait dont nous avons vécu cette semaine, la nourriture des oiseaux... Pauvres petites bêtes, que j'oubliais... Croyez-vous qu'elle consentirait à s'en charger ?

ALBERT

Pourquoi ne pas plutôt leur ouvrir la cage ?

MADELEINE

Mon frère a raison. (*Elle va à la fenêtre qu'elle ouvre et disparaît dans l'embrasure avec la cage.*)

MADAME HAVENNE

Mais qui leur donnera la pâture ?

ALBERT

Ils la trouveront. Donnons-leur d'abord la liberté.

MADAME HAVENNE

N'étaient-ils pas plus heureux en cage, plus sûrs du lendemain ?

ALBERT

Comment faisaient-ils avant qu'on eût inventé les cages ?

MADAME HAVENNE

Il y avait les pièges.

ALBERT

Tous n'y tombaient pas.

MADAME HAVENNE

Ceux qui n'y tombaient pas, périssaient de froid de privations...

### ALBERT

Comme à présent; mais leur mort n'était pas
précédée d'une longue infirmité.

### MADAME HAVENNE

Cette infirmité, des oiseaux la chérissent, au point
de refuser la clef des champs, quand on la leur
donne.

### ALBERT

C'est qu'on les a pris tout petits.

### MADELEINE

Ou bien qu'ils sont aveugles, comme les pinsons
auxquels leurs maîtres crèvent les yeux, pour qu'ils
soient plus dociles et remportent des prix de chant.

### MADAME HAVENNE

Mais ceux qui viennent frapper l'hiver à nos
fenêtres ?

### ALBERT

Ce n'est pas la prison qu'ils demandent, c'est
l'hospitalité. Les nids dans la nature n'ont pas de
barreaux. La cage est le piège de l'Assistance. Les
philanthropes aussi ont une âme d'oiselier ! (*Il se
lève.*)

### MADAME HAVENNE

Nos chardonnerets chantaient, pourtant.

### ALBERT

Et la linotte avait perdu, dans la captivité, l'éclat
de son plumage. On n'est jamais heureux dans le nid
qu'on n'a pas fait soi-même ! (*Coup de sonnette.
Madeleine referme la fenêtre. Ils se consultent du
regard, tous les quatre.*)

### M. HAVENNE

Ne réponds pas.

### MADAME HAVENNE

Si. Est-ce qu'on sait ?... La Providence...

### ALBERT

La Providence est l'hôte que nous n'attendons plus.

### MADAME HAVENNE

Je vous en prie !... Faites encore cela pour moi...

### M. HAVENNE

Soit. (*Madeleine sort et reparaît presque aussitôt à la porte.*)

### MADELEINE

C'est toi que l'on demande, Albert.

### ALBERT

Moi ? Que me veut-on ? (*Il sort avec sa sœur.*)

## SCÈNE VII

### M. ET MADAME HAVENNE

### M. HAVENNE

N'avais-je pas raison de sourire de ta ruse innocente ?

### MADAME HAVENNE

Souris donc aussi de ma crédulité, car je comptais bien que tu trouverais un moyen pour les éloigner. Tu me l'avais promis.

2.

### M. HAVENNE

J'ai cherché, vainement. Si tu savais comme ma pauvre tête est vide... un désert !

### MADAME HAVENNE

Il va donc falloir les voir mourir là... sous nos yeux ?

### M. HAVENNE

Non. A cela j'ai songé. (*Il tire de sa poche un flacon, le vide à moitié et le tend à madame Havenne.*) Bois le reste... Du laudanum... (*Elle boit.*) Il y a bien des chances maintenant, ma chère femme, pour que nous prenions les devants.

### MADAME HAVENNE

Puisses-tu dire vrai !

### M. HAVENNE

Comme la lampe baisse...

### MADAME HAVENNE

C'est qu'il n'y a plus d'huile dedans.

### M. HAVENNE

Il y en aura toujours assez maintenant, pour la veillée que nous méditons.

## SCÈNE VIII

### M. HAVENNE, MADAME HAVENNE, ALBERT

**MADAME HAVENNE**, *à Albert qui rentre.*

Qu'est-ce que c'était, mon enfant ?

**ALBERT**

La Providence, mère... et l'un de ses décrets,
signifié par la gendarmerie.

**MADAME HAVENNE**

Ne plaisante pas.

**ALBERT**

Je ne plaisante pas. Ceci est ma feuille de route.
L'autorité militaire m'invite à me rendre, je ne sais
quand, je ne sais où... Tout cela a si peu d'importance maintenant, n'est-ce pas ? A la déclaration,
que j'écrivais tout à l'heure, nous allons joindre ce
papier, avec la mention : « Parti sans laisser d'a-
dresse. » (*Il s'assoit à la table et écrit.*)

**M. HAVENNE**

Ne raille pas, Albert. Plus que la tristesse et
l'accablement, ta gaieté fébrile dénote le regret de
la vie.

**ALBERT**

Qui te dit que je ne la regrette pas, père, depuis
que je connais la volupté de désobéir ?

## SCÈNE IX

### Les Mêmes, MADELEINE

**MADELEINE**, *rentrant avec un réchaud qu'elle porte
au fond.*

J'espère qu'on ne nous dérangera plus, à présent.

**ALBERT**

Le fait-divers et la chronique de demain ! Des
gens spirituels écriront que nous avons choisi le

genre de mort auquel s'arrêtent les petites ouvrières et les demoiselles de magasin trahies. Et
nous serons encore des déclassés! (*Il se lève et tend la
plume à son père.*) Signes-tu, père? (*M. Havenne
s'assoit à sa place et signe.*) Comme chez le notaire,
au contrat... avec cette différence, toutefois, qu'un
contrat comme le nôtre est moins immoral, au fond,
que tous ceux qu'on passe par-devant notaire.
(*Madeleine, cependant, après avoir, à son tour, signé
rapidement, remonte vérifier la fermeture de la porte.*)

#### MADAME HAVENNE

Moi, ne me demandez pas de signer cela, mes
enfants, il me semble que je signerais ma damnation.

#### ALBERT

Comme tu voudras, mère.

#### MADAME HAVENNE

Laissez-moi croire que nos âmes sont immortelles
et que nous nous retrouverons dans un monde meilleur.

#### ALBERT

Meilleur, dis-tu ? Et c'est encore à une distribution de prix que tu nous donnes rendez-vous !

#### MADAME HAVENNE

Souffrirons-nous beaucoup ? Je me sens extrêmement faible...

#### MADELEINE

Non, mère, nous allons cesser de souffrir, au
contraire.

**MADAME HAVENNE**

Ah ! tant mieux !... Je vais m'étendre sur le lit.

**M. HAVENNE**

C'est cela. (*A Madeleine, qui suit des yeux sa mère et fait un mouvement comme pour la retenir, quand celle-ci se dirige vers l'alcôve :*) Va l'embrasser... (*Puis, tandis que Madeleine est auprès de sa mère :*) Si nous allions mettre le feu ?

**ALBERT,** *assis en face de son père.*

Voilà ce que ne nous pardonnerait pas madame Ledru, cette bonne madame Ledru ! Elle est pareille au paysan, redoutant moins la guerre pour ses horreurs que pour la dévastation d'un champ qui lui appartient. Je l'entends : « Ils ne pouvaient pas aller se tuer ailleurs ! » dira-t-elle.

**M. HAVENNE**

Nous touchons à l'heure où l'on oublie et où l'on pardonne tout.

**ALBERT**

C'est s'en aller trop tôt, alors...

**M. HAVENNE**

Tu vois bien.

**ALBERT**

Pardon, père... (*En se retournant, ils aperçoivent Madeleine qui met un doigt sur ses lèvres en leur montrant le lit où madame Havenne repose.*)

MADELEINE, *redescendant avec précaution et baissant la voix.*

Elle s'assoupit... (*Elle s'asseoit dans le fauteuil, près de la table.*)

### M. HAVENNE

Pourvu que la mort ne soit pas longue à venir !

### ALBERT

Elle est en route, père, un peu de patience.

### M. HAVENNE

Est-ce déjà l'asphyxie ? Je sens ma pensée s'alourdir. On dirait que c'est elle qui bat mes tempes... (*Il remonte vers l'alcôve et, près de l'atteindre, se laisse tomber sur une chaise, la tête dans l'oreiller, au bord du lit, tandis qu'Albert va s'étendre sur le chaise-longue.*)

### ALBERT

Nous ressemblons assez à des voyageurs installés pour passer la nuit. On part, on s'endort, on est arrivé.

### MADELEINE

Notre projet d'écrire nos impressions de voyage, jusqu'au moment où la plume nous tomberait des doigts, le réalisons-nous ?

### ALBERT

A quoi bon ? Des conseils à ceux qui restent vaudraient mieux. Voilà, d'ailleurs, la lampe qui s'éteint... (*La lampe s'éteint, en effet, et la chambre n'est plus éclairée faiblement que par la lueur du réchaud.*)

### MADELEINE

Des conseils... Quels conseils ? On nous a tout enseigné, sauf l'utilisation du désespoir. Nous mourrons donc comme tant d'autres, furtivement.

**ALBERT**

Sommes-nous bien sûrs, Madeleine, qu'il n'y avait
pas mieux à faire?

**MADELEINE**

Que veux-tu dire ?

**ALBERT**

Te rappelles-tu ceci, que nous lûmes ensemble,
un jour? « S'il se trouvait une famille dépourvue de
toute assistance et dans l'état affreux où vous la
dépeignez, je ne balancerais pas à décider que le vol
lui devient légitime : parce qu'elle a éprouvé des
refus, au lieu de recevoir des secours ; parce que se
laisser périr, soi, sa femme et ses enfants, est un
bien plus grand crime que de dérober à quelqu'un
de son superflu ; parce que l'intention du vol est ver-
tueuse et que l'acte est d'une nécessité indispensable. Les liens de la société sont fondés sur des
services réciproques ; mais si cette société se trouve
composée d'âmes impitoyables, tous les engagements
sont rompus. »

**MADELEINE**

Oui, je me souviens. Mais qui donc a dit cela?

**ALBERT**

Le roi Frédéric II, dans une lettre à d'Alembert.
Jamais conseil meilleur, je crois, n'est venu du
pouvoir.

**MADELEINE**

Ce sont là, malheureusement, des choses qu'on dit
et qu'on écrit en l'air, des remèdes d'une application

difficile. Voler quoi? voler qui? Si je savais où prendre la grosse somme qu'il faudrait pour assurer quelque part, bien loin, notre existence, j'irais la dérober tout de suite, cette somme, et ma conscience ne me reprocherait rien. Mais pénétrer avec effraction dans un magasin, une banque, un hôtel particulier; briser la glace du changeur, forcer un coffre-fort, dévaliser le premier venu, est-ce facile? Non. Le vol important, profitable, n'est pas même la dernière ressource des pauvres.

#### ALBERT

Peut-être as-tu raison et le vol n'est-il commode qu'aux gens à qui leurs moyens le permettent.

#### MADELEINE

Quant à risquer la prison pour un misérable larcin qui ne nous sauverait pas, merci! C'est avec des étourderies pareilles que les indigents s'aliènent les esprits et compromettent une bonne cause. On ne leur tient pas compte de leur modération. Ce sont les travaux forcés pour le faux-monnayeur qui a réussi à écouler quelques centaines de francs; c'est la considération pour le financier qui échange, avec l'agrément des lois, du papier au poids contre des espèces sonnantes. Comment y a-t-il encore des imbéciles qui fabriquent de la fausse monnaie?

#### ALBERT

Es-tu sûre, Madeleine, qu'il n'y avait pas autre chose à faire?

#### MADELEINE

Quoi? se révolter isolément? C'était bon quand il

y avait encore des chances pour mettre le feu aux
poudres. Mais les poudres sont mouillées, c'est du
poivre. Qui pourrait se flatter aujourd'hui de sou-
lever les faubourgs ? Le peuple est lâche. Le temps
est passé du sang criant vengeance. C'est maintenant un sang éventé qui ne pétille plus. Il a tourné
en vinaigre.

### ALBERT

Es-tu bien sûre qu'il n'y avait pas tout de même
autre chose à faire ?

### MADELEINE

S'ériger en justicier ? être la victime qui tombe au
gouffre en y entraînant le bourreau ? Mais qu'est-ce
qu'un bourreau de moins ? Sa disparition ne réjouit
que les aides qui attendent sa place. (*Après un moment de réflexion.*) Pourtant...

ALBERT, *se relevant et s'asseyant au bord du canapé.*

Pourtant ?

### MADELEINE

Toute idée s'embellit, je te l'accorde, à laquelle
on fait, même inutilement, le sacrifice de sa vie et
l'hommage de son sang. Que cette pourpre recouvre
des haillons, c'est un luxe bien permis aux pauvres
et le superflu légitime, en somme, de ceux qui ne se
contentent point du strict nécessaire : la patience et
la résignation. Mise en demeure de choisir entre les
deux, crois-tu que j'hésiterais, si je ne tenais pas
encore au vieux monde, à ses traditions et à ses pré-
jugés, par des liens de chair que je n'ai pas le courage de rompre ? Car le secret de ma faiblesse,

Albert, le voilà. Souffrir m'est égal ; ce qui me paralyse, c'est la pensée de faire souffrir, en les opérant nous-mêmes, des êtres chéris, de pauvres aveugles depuis si longtemps dans les ténèbres, que leur guérison laisse peu d'espoir. Mieux vaut leur donner l'illusion que nous sommes incurables comme eux, en mourant ensemble, à tâtons, appuyés l'un sur l'autre.

ALBERT

Cette mort t'apparaît donc, comme à moi, inintelligible et stérile. Le suicide, tel que nous le comprenons, tel que le comprennent des milliers de désespérés, est un acte obscur et sans portée. Qui incommodons-nous en nous tuant ici ensemble ? Personne.

MADELEINE

Tu oublies madame Ledru, sur l'immeuble de qui cet accident jette un discrédit passager...

ALBERT, s'animant.

Passager, mais éloquent, et susceptible, par la répétition, de stigmatiser cette femme implacable !

MADELEINE

Où veux-tu en venir ?

ALBERT

A la signification que pourraient acquérir des suicides simultanés ayant pour théâtres, par exemple : le Parlement, où l'on fabrique les lois ; le Palais de Justice, où on les applique ; la Bourse où l'on s'en moque et la Caserne, qui est leur sauvegarde. Comme le fait divers aussitôt s'amplifie! D'autant qu'il ne faudrait pas aux pauvres un grand effort de mémoire ni beaucoup de discernement, pour entourer leur mort des circonstances les plus propres à la rendre instructive.

MADELEINE

J'entends. C'est le suicide ouvertement rapporté à ses raisons déterminantes, que tu envisages.

ALBERT

Cela même. Je vois la maison des satisfaits, des riches et des mauvais patrons, tous les endroits où l'argent afflue, chaque jour éclaboussés par des misérables écrivant avec leur sang, sur les dalles, les murs, les meubles, les tentures, la cause de leur lassitude et de leur démission. Je vois le vieillard épuisé de travail se tuant sur le seuil de l'asile qui n'est pas pour lui; l'affamé servant le dessert de son agonie aux habitués des cabarets à la mode; et les bureaux de l'Assistance publique réduits à évincer les morts, après les vivants!

MADELEINE

Les démoralisés ne raisonnent plus. Tu leur prêtes une réflexion suprême qui est encore de l'énergie.

ALBERT

En faut-il tant que cela pour connaître l'auteur de sa misère et pour le désigner?

MADELEINE

Dans l'incertitude, cependant ?

ALBERT

Dans l'incertitude, que l'indigent se tue sous les yeux de n'importe quel riche, soit chez lui, soit dans les lieux de plaisir qu'il fréquente. L'opulence est toujours coupable.

MADELEINE

Ce qui me plaît, dans cette terreur rouge, c'est qu'elle rend impossibles les représailles d'une terreur blanche, — à moins que l'on ne tue les morts !...

ALBERT

Rouge, non ; terreur livide plutôt, donnant à cette société moribonde le spectacle qui lui convient : un défilé de moribonds. Assez de suicides honteux et inexpliqués ! Quiconque se tue par misère n'a pas le droit de se cacher pour mourir. Il faut, au contraire que la place où tombent les pauvres soit connue, signalée, obsédante, afin que les trouble-fêtes s'y succèdent, amenés par la contagion de l'exemple.

MADELEINE

Que de forces perdues !

ALBERT

Certes. Aussi ne conseillé-je pas le suicide. Je l'utilise, simplement, faute de mieux. Comme la fille abandonnée, qui va déposer son enfant à la porte du père dont elle a découvert la retraite, que la misère, incapable de révolte, entasse du moins ses victimes

sur le seuil des malfaiteurs responsables et dénon-
cés. Tel serait bientôt leur affolement, au milieu de
ces flaques et de cette odeur de sang, qu'ils consen-
tiraient peut-être, alors, aux concessions que les
supplications ni les menaces ne leur ont arrachées.

MADELEINE

Je crains, mon frère, que tu ne t'abuses. L'odeur
du sang répandu n'est pas désagréable à la bourgeoisie.

ALBERT

Dans les rues, oui, mais pas chez elle. C'est là
que reparaît le propriétaire ennemi des dégradations
et soucieux de digestions tranquilles. Les colonnes
et les hautes tours, censément propices aux suicides, ne sont que des verres de lampe enfumés ; et
ce réchaud n'est pas moins mesquin : il brûle, il
éclaire à peine !

MADELEINE

Pourtant, nous réalisons ton programme, en suc-
combant dans l'endroit même d'où nous allions être
expulsés.

ALBERT

Oui. Mais n'est-ce pas faire beaucoup d'honneur à
madame Ledru, que de nous immoler tous les
quatre sur son coffre-fort ? Nous gaspillons nos ca-
davres.

MADELEINE

Il est trop tard pour les mieux distribuer.

M. HAVENNE, *d'une voix qui s'éteint.*

Madeleine...

### MADELEINE

Écoute. (*Elle se lève.*)

### ALBERT, *debout aussi.*

C'est le père qui t'a appelée... (*Madeleine remonte, en chancelant un peu, vers M. Havenne, qui s'est écroulé, la tête en avant. Elle se penche sur lui.*)

### MADELEINE

Père... Père... M'entends-tu ?... (*Elle se redresse, puis se penche, anxieuse, sur sa mère.*)Maman... (*Elle se retourne, le visage et la voix changés.*) Comme ils étaient pressés de partir !

### ALBERT

Es-tu sûre, Madeleine ?...

### MADELEINE

Je suis sûre que les liens sont brisés, qui me retenaient tout à l'heure. Échappons-nous d'ici ! Je ne veux plus mourir en cage ! De l'air, de l'espace, et de la lumière ! J'en suis impatiente à présent. Ils avaient raison... Nous n'avons pas rempli notre destinée. Nous sommes au bord du nid, comme des oiseaux qui tremblent d'essayer leurs ailes... Prenons l'essor, mon frère ! Allons vers le soleil, de clocher en clocher... Ceux qui dorment, réveillons-les ; ceux qui sont courbés, redressons leur taille ; qu'ils apprennent de nous une plus fière attitude et

relèvent le front, ne fût-ce, au commencement, que
pour nous voir passer ! Plus tard, ils nous rattra-
peront. La route est longue, mais des besoins, nous
en avons si peu, que la maraude y subviendra !

ALBERT, *se dirigeant vers la fenêtre en trébuchant.*

C'est un roi qui l'a dit : « Quand la société est
composée d'âmes impitoyables, tous les engagements sont rompus. »

### MADELEINE

Ils le sont ! Les pauvres vieux aveugles que nous
assistions n'existent plus... A quoi bon maintenant
jouer les paralytiques ? Jetons nos béquilles ! Don-
nons-nous vivants et valides à la Révolution, dût-elle
nous dévorer tous les deux !

ALBERT, *qui a atteint la fenêtre, arrachant
les rideaux.*

Nous et beaucoup d'autres... Elle aussi meurt de
faiblesse et d'inanition. Elle a faim d'apôtres ;
soyons sa nourriture ! Nos parents sont tombés où
leur premier effort les condamnait à mourir : sur la
brèche de la propriété. A nous d'élargir cette
brèche ; ceux qui viendront après, donneront l'as-
saut ! (*Il ouvre la fenêtre toute grande et aspire l'air
à pleine poitrine, en soutenant sa sœur qui s'est
traînée jusqu'à lui. Le jour naissant envahit la
chambre.*)

ÉMILE COLIN — Imprimerie de Lagny

www.ingramcontent.com/pod-product-compliance
Lightning Source LLC
LaVergne TN
LVHW022345170726
843503LV00008B/3553